AF236167

So lebt

Bali

*Der perfekte Reiseführer für einen unvergessli-
chen Aufenthalt in Bali inkl. Insider-Tipps, Tipps
zum Geldsparen und Packliste*

Anja Theile

Alle Ratschläge in diesem Buch wurden sorgfältig erwogen und geprüft. Eine
Garantie kann dennoch nicht übernommen werden. Eine Haftung für jegliche
Personen-, Sach- und Vermögensschäden ist daher ausgeschlossen. Die Be-
nutzung dieses Buches und die Umsetzung der darin enthaltenen Informatio-
nen erfolgt ausdrücklich auf eigenes Risiko.

✈ INHALT

Das erwartet Sie in diesem Buch

Bali – eine kleine Insel mit einer umso größeren Vielfalt: saftig grüne Reisfelder, Wellen, die zum Surfen einladen, abwechslungsreiche Natur und Landschaften, eine bunte Unterwasserwelt, beeindruckende Berge und Vulkane, ein interesseweckender Glaube, kleine und große Tempel, eine reichliche Auswahl an einheimischem und internationalen Gerichten und Getränken sowie eine überaus freundliche und dankbare Bevölkerung. Unter anderem aus diesen Gründen erfreut sich dieser Teil Indonesiens seit Jahren immer größerer

Beliebtheit bei Backpackern, Surfern, Yoga-Liebha-
bern, Abenteurern, aber auch vielen anderen Reisenden und Familien aus aller Welt. Wenn auch Sie
eine Reise auf diese Insel unternehmen wollen, soll
Ihnen dieser Reiseführer dabei helfen, sich einen
Überblick über Bali und sein großes Angebot zu verschaffen.

Weiterhin soll er Sie dabei unterstützen, Ihren
Trip zu planen und Ihre Ziele bezüglich Ihrer eigenen Interessen und Vorstellungen anzupassen.
Gleichzeitig bietet die hier getroffene Auswahl von
vier Orten auf Bali, die sich sowohl landschaftlich als
auch in ihrem Angebot an Unternehmungen, Unterkünften und Verpflegung unterscheiden, eine mögliche Reiseroute für Individualreisende, um die Vielfalt der Insel zu erleben.

Tipps und Möglichkeiten, wie Sie während Ihres
Aufenthalts viele Sehenswürdigkeiten bestaunen,
aber gleichzeitig den besonders touristischen Orten
auch einmal entfliehen können, dürfen hier natürlich nicht zu kurz kommen. Zuletzt will sich dieser
Reiseführer aber auch nicht nur auf Bali an sich be-
schränken, sondern Ihnen weitere Empfehlungen zu
Zielen und Ausflügen, die sich von Ihrem Aufent-
haltsort aus anbieten, auf den Weg geben. Ebenso
wie Bali selbst bringt Ihnen dieser Ratgeber somit

eine große Vielfalt an Möglichkeiten auf einem relativ kleinen Raum näher und sorgt dafür, dass Ihre Reise für Sie unvergesslich werden wird!

Leben und Reisen auf der Insel

WARUM BALI EINE REISE WERT IST

Viele Menschen assoziieren mit Bali eine Insel für Alternative, Backpacker und Menschen, die dort mehr über sich selbst und die Welt herausfinden und Abenteuer erleben wollen. Tatsächlich trifft man in diesem Teil der Erde viele Reisende an, die genau das zu ihrem Ziel gemacht haben oder machen wollen. Und eben diese Einstellung, die nicht nur die Touristen, sondern auch die Einheimischen verkörpern, macht den Charme der Insel aus.

Junge Menschen, die das erste Mal allein unterwegs sind, Pärchen, die zusammen ein neues Land entdecken wollen, Reisende, die ihrem Alltag entfliehen wollen, Familien, die gemeinsam einen aufregenden Urlaub verbringen wollen und Einheimische, die all diese Menschen herzlich begrüßen: Aus der ganzen Welt kommt eine Vielfalt an verschiedenen Kulturen, Religionen, Einstellungen, Lebensweisen und Vorstellungen auf einer verhältnismäßig kleinen Insel zusammen. Man könnte meinen, dass diese Konstellationen Konflikte hervorrufen oder zu unangenehmen Situationen führen könnten, doch durch die Offenheit und Gelassenheit aller Beteiligten kommt es stattdessen zu einem entspannten Miteinander und – noch besser – zu einem regen Austausch untereinander. Diese angenehme Atmosphäre sollte man selbst erlebt haben, sie ist gleichzeitig aber auch die perfekte Grundlage für eine Reise nach und innerhalb von Bali.

Die Tatsache, dass die unterschiedlichsten Menschen aus aller Welt die kleine Insel zu einem Ort auserkoren haben, den sie auf eigene Faust erkunden wollen, kommt nicht von ungefähr. Aufgrund seiner verhältnismäßig geringen Größe, die aber dabei eine umso größere Vielfalt an Landschaften und Ausflugsmöglichkeiten bietet, ist Bali der perfekte Ort, um in relativ kurzer Zeit möglichst viel zu erleben.

Aber auch wenn man gedenkt, länger auf der Insel zu bleiben, gehen einem die Möglichkeiten und Aktivitäten nicht aus und man hat die Chance, noch tiefer in die Kultur und das Leben auf der Insel einzutauchen. Ein Besuch der Insel lohnt sich also unabhängig davon, wie viel Zeit Ihnen zur Verfügung steht: sowohl in zwei Wochen als auch in zwei Monaten kann man auf Bali die perfekte Mischung zwischen Abenteuer und Entspannung erleben.

Ein weiteres Argument dafür, auf Bali herumzureisen, sind die kurzen Wege und der geringe Organisationsaufwand, der betrieben werden muss, um von einem Ort an den anderen zu kommen. Vor allem für weniger erfahrene Backpacker und Reisende, die ihre Zeit mehr in das Verweilen an den verschiedenen Standorten und weniger in den Transport zwischen diesen investieren wollen, bietet Bali einen perfekten Anlaufpunkt. Egal, ob Sie mit einem gebuchten Fahrer oder auf eigene Faust mit dem Roller unterwegs sind, in den seltensten Fällen werden Sie eine Fahrtzeit von zwei bis drei Stunden überschreiten. Und selbst in dieser Zeit wird Ihnen nicht langweilig werden, denn an und auf den Straßen Balis gibt es immer etwas zu sehen.

Neben den Menschen, der gut investierten Zeit und den kurzen Wegen, ist es aber vor allem die Insel an sich, die Bali absolut sehenswert und berechtigterweise zu einem sehr beliebten Reiseziel macht. Sie werden erstaunt sein, wie sehr sich die Landschaft, das Auftreten der Menschen, die Zahl der Touristen oder der Anblick des Sonnenuntergangs auf dieser Insel verändern, wenn Sie nur eine ein- bis zweistündige Fahrt unternehmen.

Von Touristenhochburgen mit eher westlichen Einflüssen, vielen Englisch sprechenden Menschen und auch vereinzelten Partymeilen bis zu absolut ruhigen, wilden und grünen, trotz der vielen Einwohner, schon unbewohnt wirkenden Gegenden im Norden und Westen, können Sie auf dieser Insel alles miterleben. Nur wenige Stunden oder gar Minuten trennen die Berge vom Meer, die grünen Reisfelder von der gut besuchten Stadt, die Hotelmeile von den einfachen Homestays, die eher touristischen Gegenden von fast vollkommen vom Tourismus ausgenommenen Dörfern der Einheimischen.

Unter anderem deshalb ist Bali ein Ort, wo man sich auf nichts festlegen muss. Haben Sie einen Ort am Meer gefunden, der Ihnen auf Anhieb zusagt und wo Sie Ihren Urlaub gern verbringen würden? Perfekt, dann nichts wie hin! Zieht es Sie dann doch eher in den bergigen Norden und Westen? Kein Problem, dann buchen Sie eine Tagestour bei einem Anbieter

Ihrer Wahl oder machen Sie sich selbst auf den Weg! Haben Sie sich von Anfang an vorgenommen herumzureisen und an verschiedenen Orten unterzukommen?

Dann buchen Sie sich im Voraus Ihre bevorzugten Unterkünfte und Transportmöglichkeiten oder planen Sie von einem Tag auf den anderen, auch das ist auf Bali möglich. Wenn Sie also nach einem Urlaubsziel suchen, an dem das Reisen vor Ort schnell und unkompliziert, die Menschen herzlich und die Vielfalt der Landschaft riesig sind, sollte Bali ganz oben auf Ihrer Liste stehen!

GESCHICHTE UND ENTWICKLUNG VON BALI

Bali ist die westlichste der kleinen Sundainseln im Indischen Ozean und ist heute ein Teil Indonesiens, was jedoch nicht immer so war. Das heutige Leben auf Bali wurde auf vielfache Weise, durch die Geschichte der Insel und die damit einhergehenden verschiedenen Kolonialherren und Machthaber, geprägt. Um 2000 v. Chr. stießen erstmals hauptsächlich südchinesische Einwanderer auf das bis dato unbesiedelte Land und brachten die Töpferkultur sowie den Ackerbau auf die Insel. In den folgenden Jahrhunderten wurde dieser weiträumig ausgebaut und unter anderem das komplizierte Bewässerungssystem für Reisfelder, die bis heute das Gesamtbild Balis prägen, entwickelt.

Wanderten in den ersten rund zweitausend Jahren vor allem Südchinesen und Vietnamesen mit ihrer Sprache, ihren Einstellungen und all ihren Erkenntnissen ein, so wurde die Insel zwischen dem Jahr Null und 700 n. Chr. immer mehr durch die indische Kultur, die von Java, welches sich getrennt durch eine Meerenge in Balis Westen befindet, nach und nach hinübergetragen wurde, beeinflusst. Die Ankunft der indischen Kaufleute wirkte sich vor allem auf die bisherige Religion der Balinesen aus, sodass es zu einer einzigartigen Mischung zwischen dem Hinduismus der Inder und dem Animismus der Urbevölkerung kam.

Ab circa 900 n. Chr. entstand auf Bali ein Königshaus, das durch Heirat und Beziehungen in engem Kontakt zum ostjavanischen Königreich stand. Lange Zeit, und vor allem als der Islam sich immer mehr in Indonesien ausbreitete und auch Java in politische Schwierigkeiten brachte, konnte sich Bali als unabhängig bezeichnen. Im 13. Jahrhundert und spätestens durch das sich ausdehnende Reich der Majapahit auf Java und in vielen weiteren Gebieten Indonesiens, musste sich jedoch auch Bali diesen unterwerfen und sich in die Abhängigkeit begeben.

Währenddessen breitete sich der Islam merklich in Indonesien aus und sollte um 1400 schließlich auch das hinduistische Königreich der Majapahits auf Java stürzen. Dies hatte zur Folge, dass der Sohn des letzten Königs zusammen mit elitären Künstlern und Geistlichen nach Südbali fliehen musste und dort ein neues Königreich gründete. Er selbst und auch seine Nachfolger sollten Dewa Agung (Gott des heiligen Berges) genannt und als balinesische Könige anerkannt werden. Als eine seiner ersten Amtshandlungen teilte er die Insel in acht Provinzen auf, deren Herrscher, genannt Rajas, sich im Laufe der Jahrhunderte ihre eigenen unabhängigen Königreiche aufbauen durften, diese jedoch stets der sogenannten Gelgel-Dynastie unterwerfen mussten.

In dieser für Bali innenpolitisch ereignisreichen Zeit wurden aber auch verschiedene europäische Länder auf die Insel im Indischen Ozean aufmerksam. Ab dem 16. Jahrhundert kamen neben Portugiesen, Spaniern und Engländern immer mehr Holländer auf der Insel an. Diese schafften es schließlich, im Jahr 1846 den Norden zu erobern und residierten von da an in der an der Nordküste liegenden Stadt Singaraja. Von dort aus errichteten sie eine holländische Verwaltung für Nordbali und erklärten es zu ihrem Ziel, auch das restliche Bali zu erobern, woraufhin es in Süd- und Zentralbali zunehmend zu Unruhen kam.

Um 1900 zogen deshalb vermehrt Rajas zusammen mit ihrem Gefolge in den Kampf gegen die europäischen Einwanderer. Vor oder während des Kampfes kam es seitens der Balinesen auf der ganzen Insel zu Massenselbstmorden, da sie es vorzogen, durch ihr eigenes Schwert beziehungsweise durch die eigenen Männer und Frauen zu sterben, anstatt sich zu ergeben. Dieses Vorgehen, Puputan genannt, erschien 1908 schließlich auch den

Machthabern der Gelgel-Dynastie, die in Klungklung ihren Sitz hatten, als letzter Ausweg, sodass Bali ab dem Jahr 1913 offiziell als von den Holländern kolonialisiert galt.

In den folgenden mehr als dreißig Jahren studierten und prägten nicht nur die niederländischen Kolonialherren, sondern auch amerikanische sowie einige andere europäische Künstler und sonstige Einwanderer, das nach wie vor hinduistische Bali, vor allem seine Kunst und die traditionelle Lebensweise. Infolge der Eroberung Balis durch Japan im zweiten Weltkrieg sowie deren Herrschaft von 1942 bis 1945 kam es zur indonesischen Unabhängigkeitserklärung, die Bali offiziell zu einem Teil Indonesiens machte.

Das Ergebnis des darauffolgenden dreijährigen Kampfes der Balinesen für ihre Freiheit gegen die holländische Kolonialmacht war, dass diese schließlich auf ihre Souveränitätsrechte verzichten musste und der Insel sowie ganz Indonesien die Unabhängigkeit zugestand. In den Folgejahren wurde der Anführer dieses Kampfes, Achmed Sukarno, bei den ersten freien Wahlen des Landes zum demokratisch legitimierten Präsidenten gewählt und auf Bali die Hauptstadt Singaraja im Norden von Denpasar im Süden abgelöst.

Nach politischen Unruhen in den Sechzigerjahren übernahm General Suharto zusammen mit der Golkar-Partei und seiner Armee die Macht in Indonesien und führte bis zum Jahr 1998 dessen gelenkte Demokratie, die sich bis heute als autoritär, bürokratisch und korrupt erweist. Die Unzufriedenheit über Suhartos Regierung bei der Bevölkerung und die darauffolgenden massiven Proteste sorgten schließlich für die Absetzung des Präsidenten und endeten in einer schweren Wirtschaftskrise.

Die nachfolgenden Machthaber, wie der seit 2014 regierende Joko Widodo, versuchen bis heute, die wirtschaftliche Situation Balis zu verbessern. Hierbei setzte und setzt man neben dem Reisanbau nach wie vor große Hoffnungen auf Touristen, die anfangs nur langsam auf die Insel aufmerksam wurden, durch Surf- und Massentourismus heute jedoch in Scharen nach Bali kommen und die Haupteinnahmequelle vieler Einheimischer darstellen.

MENSCHEN UND UMGANGSFORMEN

Auf Bali begegnen Sie fast ausschließlich äußerst freundlichen, offenen und interessierten Menschen. Die Einwohner sind aufgrund des Touristenbooms der letzten Jahrzehnte und der starken Zuwanderung aus Europa und Australien inzwischen an ausländische Gäste und Mitbürger gewöhnt und auch sehr dankbar für diese, schließlich verdienen viele Balinesen ihren Lebensunterhalt durch den Tourismus.

Aber auch unabhängig davon behandeln die weitestgehend hinduistisch gläubigen Menschen auf der Insel andere Menschen, Tiere und die Natur mit großer Vorsicht, Dankbarkeit und Unterstützung. Ein Beispiel hierfür sind die Straßenhunde, die Ihnen auf Bali, ebenso wie in vielen anderen südostasiatischen Ländern, vermehrt über den Weg laufen werden.

Trotz ihrer großen Zahl werden Sie äußerst selten ein Tier sehen, das ungepflegt oder ausgehungert am Straßenrand liegt, denn die Einwohner sorgen stets dafür, dass alle ausreichend mit Nahrung versorgt sind. Dieser Sorge und Umsicht für andere Menschen, aber speziell auch für Tiere, liegt der

Glaube an die Wiedergeburt zugrunde, der tief in die Religion der Balinesen verankert ist: Anders als in dem ansonsten islamisch geprägten Indonesien leben die Menschen auf Bali bis auf einige Ausnahmen nach dem Hindu-Dharma-Glauben. Dieser prägt das Leben und Denken der Bevölkerung und wird auch Ihnen als Tourist tagtäglich begegnen.

Grundlage dieses Glaubens, der auf Bali einzigartig ist, ist der durch indische Einwanderer auf die Insel gebrachte Hinduismus. Zusätzlich finden sich in dieser religiösen Tradition Elemente des Buddhismus sowie des animistischen Glaubens. Dieser wurde von den Ureinwohnern der Insel praktiziert und beinhaltet das Vertrauen in die Beseeltheit und magische Kraft der Natur sowie die Ahnenverehrung.

Diese Mischung der Religionen und Grundüberzeugungen erklärt unter anderem die verschiedenen Gottheiten und Wesen, die auf Bali verehrt und gefeiert werden: Zu den Göttern des Hinduismus gesellen sich Fabelwesen, gute und böse Geister und verschiedene weitere Wesen, die man ehren und um Hilfe bitten sollte. Mit diesen Göttern stehen die Balinesen in stetigem Kontakt, der sich am besten in Tempeln herstellen lässt. Unter anderem deshalb findet man in jedem Dorf Balis mindestens drei

Tempel, auf der gesamten Insel gibt es, Schätzungen zufolge, mehr als 20.000. Unabhängig vom Gang zum Tempel beginnen die Balinesen jeden Tag mit einem Opfer an ihre Götter.

Sehr bald werden Ihnen auf den Straßen und Mauern, vor Türen, Schreinen und anderen heiligen Stätten kleine bunte Körbchen auffallen. Jede balinesische Familie erstellt ein oder auch mehrmals am Tag ein solches, meist aus Palmblättern geflochtenes Behältnis und platziert darin Gaben, wie Blumen, Früchte, Öle, Salz oder Geld, sowie ein Räucherstäbchen. Das kleine Geschenk an die Götter soll nach dem Hindu-Dharma-Glauben das Böse besänftigen und dafür das Gute anziehen.

Das Gute, das ihnen von ihren Göttern zurückgegeben wird, geben die Menschen Balis gern auch an ihre Gäste weiter: Hilfsbereitschaft, ein freundliches Miteinander und Dankbarkeit werden auf Bali großgeschrieben. In Unterkünften, Restaurants und auf der Straße wird man Ihnen stets mit einem Lächeln und großer Höflichkeit begegnen.

Und die Freundlichkeit der Einheimischen ist ansteckend und verbreitet sich auf fast alle Menschen, die sich auf der Insel befinden. Ein offener Umgang untereinander, freundliches Auftreten und – so oft es eben geht – ein Lächeln auf den Lippen ist auf dieser Insel ein Muss und eine Selbstverständlichkeit. Die Menschen Balis geben viel und das auch bereitwillig, bekommen aber ebenso auch gerne etwas zurück, und wenn es „nur" ein freundliches Lächeln oder eine kurze Unterhaltung ist.

Auch werden Sie schnell bemerken, dass die Einwohner der Insel ihre Heimat wirklich lieben und Ihnen nur allzu gern etwas über ihr Leben, ihre Natur oder ihre Religion erzählen. Besonders in den touristischen Regionen im Süden sollten hierbei auch nicht allzu viele Verständnisprobleme auftauchen, da hier die meisten Menschen neben ihrer Muttersprache (Balinesisch bzw. Indonesisch) ein verständliches Englisch sprechen und auch verstehen. Falls das nicht der Fall ist, sind sie auch nicht verärgert, sollte man viermal nachfragen müssen und sie bleiben dabei stets freundlich und geduldig.

Im Norden und Westen fallen die Englischkenntnisse der Einwohner oftmals geringer aus. Aber vor allem die Kinder und jungen Menschen dort sind äußerst lernwillig, und falls Sie sie nicht perfekt verstehen sollten, versuchen sie Ihnen ihre Geschichten, Fragen und Einstellungen eben mit Händen, Füßen und was es sonst noch so gibt zu vermitteln. Der Spaß kommt hier jedenfalls nie zu kurz und das Leben und die Religion der Balinesen ist so vielfältig, dass Ihnen sicherlich nicht langweilig wird und man stets wieder etwas Interessantes erfährt, was man bisher noch nicht wusste. Und sind wir ehrlich: Egal, wie viel man vorher in Reiseführern und im Internet über eine Kultur gelesen und erfahren hat, die Sicht der Einheimischen zu hören und mit ihnen ins Gespräch zu kommen, ist doch noch einmal etwas komplett anderes.

KULINARISCHE VIELFALT BALIS

Auch für das leibliche Wohl hat die Küche Balis eine bunte Auswahl an Speisen und Getränken zu bieten. Die traditionellen asiatischen Gerichte sind unter anderem durch die unterschiedlichen Einwanderer und Einflüsse der Kolonialzeit geprägt, durch den Tourismus wurden aber auch viele Elemente und Gerichte der westlichen Küche in das Repertoire aufgenommen, sodass Sie als Gast im heutigen Bali vor einer großen Mischung und Auswahl stehen.

Die Grundlage der balinesischen Küche und fast in jedem Gericht enthalten ist selbstverständlich der Reis, der auf der gesamten Insel liebevoll und in großen Mengen angebaut wird. Erkennen können Sie solche Reisgerichte durch das dafür verwendete indonesische Wort „Nasi". Auf eigentlich jeder

Speisekarte werden Sie beispielsweise das für Bali typische Nasigoreng finden. Der Reis wird hierbei gebraten und je nach Geschmack mit Zutaten wie Hähnchen, Meeresfrüchten, Gemüse, Fleischspießen oder Ähnlichem verfeinert.

Weiterhin kann die balinesische Küche aufgrund ihrer reichen heimischen Auswahl an Pflanzen und Kräutern sowie den indischen und europäischen Einflüssen auf eine große Anzahl an bekannten und weniger bekannten Gewürzen zurückgreifen. Chili, Curry, Kokos, Knoblauch, Kurkuma, Zitronengras, Ingwer und Kardamom können sich in Ihrem Essen befinden und egal, mit welchem Gewürz es nun verfeinert wurde, ein Geschmackserlebnis ist Ihnen garantiert.

Anders als in manch anderen asiatischen Ländern, kommen auf Bali sowohl Fleischliebhaber als auch Vegetarier und Veganer auf ihre Kosten. Gerichte mit Lamm, Rind, Ente und Hühnchen finden Sie in jeder Lokalität, entweder gebraten, gegrillt, als Satay-Spieß (oftmals mit Erdnusssoße serviert) oder in einem Curry.

Zu Festen und in bestimmten Restaurants wird Ihnen auch gern mal ein Spanferkel angeboten. Serviert werden diese Gerichte oftmals mit Reis und einer reichen Auswahl an Gemüse. Diese heimischen

Erzeugnisse lassen sich natürlich auch ohne Fleisch in den verschiedensten Zubereitungsarten und Kombinationen genießen. Sei es nun ein traditionelles Gemüse-Curry mit Kokosmilch oder das Gado-Gado, eine Art Salat mit verschiedenen grünen Gemüsesorten, Kartoffeln, Zwiebeln, Chili und Erdnusssoße als Zugabe. Auch Bamigoreng mit Gemüse, was dem Nasigoreng, allerdings mit Nudeln anstelle von Reis, entspricht, schmeckt hier nie gleich, aber immer überaus lecker.

Aufgrund seiner Lage mitten im Indischen Ozean bietet Ihnen Bali natürlich auch eine reiche Auswahl an Fisch und Meeresfrüchten. Früh am Morgen können Sie die zahlreichen Fischerboote beobachten, die sich auf den Weg aufs offene Meer machen. Hierbei werden oftmals organisierte Touren angeboten, die es Ihnen ermöglichen, mit den Fischern morgens aufzubrechen und Ihr eigenes Mittag- oder Abendessen zu fangen.

Womöglich begegnet Ihnen aber auch in den weniger touristischen Gegenden ein Einheimischer, der Sie ohne die entsprechende Tour einlädt, ihn bei seiner Fahrt zu begleiten, und Sie landen dann abends an einem Lagerfeuer mit seiner Familie, um Ihren Fang zu braten? Auch das kommt hier nicht selten vor. Alles, was nicht für den Eigenverzehr benötigt wird, geben beziehungsweise verkaufen die Fischer an die entsprechenden Restaurants, wo Sie aus der großen gekühlten Auswahl, die neben den verschiedensten Fischarten auch Garnelen, Calamares, Thunfisch, Krabben und Muscheln enthalten kann, nach Geschmack für Ihren Verzehr wählen können.

Ist Ihnen einmal nicht nach einer großen Mahlzeit und mehr nach einem kleinen Snack, können Sie sich durch die große Vielfalt an Früchten auf Bali probieren. Neben in Europa erhältlichen Arten wie Bananen, Wassermelonen, Drachenfrüchten, Mangos, Granatäpfeln oder Ananas (die gefühlt auf Bali dennoch besser schmecken als aus dem heimischen Supermarktregal) finden Sie hier beispielsweise Durians, Guaven, Jackfrüchte, Litschis, Mangostane, Maracujas, Papayas oder die Schlangenhautfrüchte Salaks. Für diejenigen, die gern mal etwas Neues und Unbekanntes probieren, bietet sich beispielsweise ein Ausflug auf einen balinesischen Markt an, wo Sie von der großen Gemüse- und vor allem Fruchtauswahl fast erschlagen werden und sicherlich etwas finden, was Ihnen selten oder sogar noch nie unter die Augen oder in den Mund gekommen ist.

Gerade diese Frucht dann zu kaufen und zu probieren, bringt Ihnen garantiert ein neuartiges

Geschmackserlebnis. Aber auch in Unterkünften und Restaurants können Sie die große Auswahl genießen, beispielsweise in Form von Pancakes, zu denen auf Bali gern Bananen oder andere Früchte gegeben werden, oder durch einen klassischen Obstsalat. In den touristischen Orten werden Sie auch oftmals Bowl-Restaurants finden, wo unter anderem Smoothie-Bowls mit den verschiedensten Früchten und Toppings angeboten werden.

Oder aber Sie bestellen zu Ihrem Essen einen der leckeren Säfte und Shakes, die nahezu überall auf den Speise- und Getränkekarten stehen und frisch gepresst beziehungsweise zubereitet werden.

ANREISE UND FORTBEWEGUNG

Wenn Sie nicht vorher bereits in Indonesien herumgereist sind, erreichen Sie Bali am besten über den internationalen Flughafen Ngurah Rai in der Hauptstadt Denpasar. Der Flughafen wird von vielen Fluglinien angeflogen, unter anderem Singapore Airlines, Qatar Airways oder Malaysia Airlines. Von Deutschland aus müssen Sie mit einer Reisezeit von mindestens 16 Stunden sowie mindestens einem Zwischenstopp rechnen. Oftmals stehen Ihnen Singapur, Bangkok oder andere große asiatische Städte als mögliche Stopovers zur Auswahl, weshalb viele Reisende vor oder nach ihrer Zeit auf Bali einige Tage in diesen Metropolen verbringen.

Außerdem ist es gut zu wissen: Auf Bali und in ganz Indonesien benötigen Sie als deutscher Staatsbürger bei einer Aufenthaltsdauer von bis zu 30 Tagen kein Visum. Sie sollten jedoch darauf achten, dass Ihr Reisepass bei der Einreise noch mindestens sechs Monate gültig ist.

Sind Sie in Denpasar gelandet und durch die Immigration und Gepäckausgabe gelangt, werden Ihnen beim Verlassen des Flughafens viele Taxivermittler und -fahrer entgegenkommen, die Sie zu Ihrer Unterkunft fahren wollen. Sie haben zu diesem

Zeitpunkt oder schon vorher verschiedene Möglich-keiten: Übernachten Sie in einem Hotel oder haben eine Reise über eine Agentur gebucht, ist oftmals der Flughafentransfer inbegriffen und Ihre Aufgabe be-steht nur noch darin, den entsprechenden Schalter beziehungsweise die zuständige Ansprechperson zu finden.

Doch auch viele Homestays und kleinere Unter-künfte bieten an, ihre Gäste vom Flughafen abzuho-len. Achten Sie beim Buchen bereits auf solche Ange-bote und teilen Sie den Besitzern frühzeitig mit, wenn Sie diese in Anspruch nehmen wollen. Es wird hier oft ein Festpreis für den Flughafentransfer an-gegeben, der aber meist sehr fair und auch billiger als ein Taxi ist, vor allem wenn Ihre Unterkunft nicht in der Nähe des Flughafens liegt.

Außerdem werden Sie nach der langen Reise froh sein, sich in ein bereitstehendes gekühltes Auto setzen zu können, ohne sich vorher nach einem Taxi oder Ähnlichem umsehen zu müssen. Aber natürlich ist auch das kein Problem und Sie können vor Ort entweder eine der Taxen nehmen oder aber Apps wie beispielsweise Grab oder Uber benutzen, die auf Bali inzwischen auch immer weiter verbreitet sind. Vor allem bei einem Taxi gilt aber: Informieren Sie sich vorher, wie viel eine Fahrt zu Ihrem Urlaubsort in der Regel kostet, und lassen Sie sich nicht übers Ohr hauen. Benutzen Sie am besten eines der offiziellen Taxiunternehmen mit Festpreisen, weniger empfehlen sich die privaten Fahrer, die dort auf Gäste warten. Besonders bei diesen gilt: Handeln Sie vor dem Beginn der Fahrt. Denn auch, wenn die Preise für deutsche Verhältnisse erst mal recht niedrig klingen, so werden Sie sich im Nachhinein doch ärgern, wenn Sie merken, dass Sie für dieses Geld mit einem privaten, oftmals von der Unterkunft organisierten Fahrer eine mehr als doppelt so lange und weite Strecke fahren können.

Die von Homestays und anderen Unterkünften organisierten Fahrer werden auf Ihrer gesamten Reise eine gute und kostengünstige Möglichkeit sein, um von A nach B zu kommen. Meist können Sie damit rechnen, dass Sie in diesen Autos genug Platz, ausreichend Komfort und eine Klimaanlage finden, was bei den Temperaturen und der Luftfeuchtigkeit auf Bali goldwert ist.

Auch sind solche Fahrten, die sich schon einmal über ein bis drei Stunden hinziehen können, eine gute Gelegenheit, um mit einem Einheimischen ins Gespräch zu kommen, und nicht selten erfahren Sie auf einer solchen Fahrt mehr über das Leben auf Bali, als sie es in einem Reiseführer nachlesen können. Ein weiterer Vorteil solch privater Fahrer ist, dass diese oftmals bereit sind, einen Zwischenstopp auf der Fahrt zur Unterkunft einzulegen, wenn sich auf dem Weg eine berühmte Sehenswürdigkeit befindet. Sie freuen sich, Ihnen auf Ihrer Fahrt die Besonderheiten ihrer Insel zu zeigen und zu erklären, und warten dafür auch bereitwillig ein bis zwei Stunden in ihrem Auto, während Sie eine Tempelanlage oder Ähnliches besichtigen können.

Möchten Sie auf Ihrer Reise nicht auf einen Fahrer angewiesen sein, bietet sich Ihnen natürlich auch die Möglichkeit, ein Auto zu mieten, was beispielsweise am Flughafen möglich ist. Bedenken sollten Sie dabei aber unter anderem den für Deutsche zu Beginn gewöhnungsbedürftigen Linksverkehr, die langen Staus, die sich vor allem in den Städten und Touristenhochburgen bilden, sowie die Tatsache, dass Balis Straßen oftmals nicht besonders gut ausgebaut sind.

Eine Überlegung, die Sie stattdessen in Betracht ziehen können und auf welche auch die meisten Reisenden auf Bali zurückgreifen, ist das Mieten eines Rollers oder auch Motorrads. Je nach Gepäckgröße können Sie einen solchen für Ihre gesamte Reise mieten und damit von Ort zu Ort fahren. Aber auch wenn Sie für die längeren Strecken von Unterkunft zu Unterkunft auf einen privaten Fahrer zurückgreifen, so bietet sich in fast jedem Dorf eine Möglichkeit, einen Roller zu mieten. Oftmals besitzen auch die Hotels beziehungsweise Homestays eine kleine Auswahl, die sie Ihnen gern gegen einen Aufpreis zur Verfügung stellen. Je nach Gegend können Sie mit Preisen von 4 – 6 Euro pro Tag rechnen.

Ein Roller ist somit nicht nur eine günstige Fortbewegungsmöglichkeit auf Bali, sondern mitunter auch die stressfreiste. Natürlich müssen Sie sich auch mit einem zweirädrigen Gefährt erst einmal an den Linksverkehr und vor allem auch an den Fahrstil und die Verkehrsregeln der Balinesen gewöhnen. Hier gilt es, am besten stets passiv und vorsichtig zu fahren und sich nicht auf die in der Heimat geltenden Verkehrsregeln zu verlassen.

An einer vielbefahrenen Kreuzung auf dem Dorf fährt man hier nicht unbedingt nach der Regel „rechts vor links", sondern mehr nach dem Motto: „Schau mal, dort ist eine Lücke, da fahr ich schnell durch". Dies soll aber keineswegs abschreckend wirken, denn ob Sie es glauben oder nicht, diese Taktik funktioniert seltsamerweise ziemlich gut und es wird stets Rücksicht auf die anderen Verkehrsteilnehmer genommen. Vor allem, wenn Sie eindeutig als Tourist zu erkennen sind, gibt es immer wieder freundliche Auto- und Rollerfahrer, die Sie heraus-winken, grüßen oder auch mal ein kleines Roller-Rennen mit Ihnen veranstalten. Wenn Sie sich in das Verkehrssystem erst einmal eingefunden haben, werden Sie schnell großen Spaß am Herumfahren auf dieser Insel finden und bemerken, dass man mit einem Roller auf Bali gut vorankommt.

Es lassen sich nicht nur von Autos und Lastwagen verursachte Staus in den Städten gut umfahren, sondern Sie können auch mit einem Roller – unabhängig von organisierten Touren und anderen Reisenden – Sehenswürdigkeiten besuchen oder sich auf den Weg zu Stränden machen, die womöglich noch als Geheimtipp bezeichnet werden können.

Auch ist es stets spannend und abenteuerlich, einen Ort, an dem man gerade erst angekommen ist, eigenständig mit dem Roller abzufahren und sich so einen Überblick zu verschaffen oder etwas Interessantes zu entdecken, das einem ansonsten möglicherweise verborgen geblieben wäre.

BENÖTIGTES REISEBUDGET

Trotz des Touristenbooms kann man auf Bali nach wie vor recht preiswert essen, übernachten und leben. Selbstverständlich richtet sich Ihr benötigtes Reisebudget danach, wie viel Sie sich auf der Insel gönnen wollen, weshalb im Folgenden ein Low-Budget-Tag beschrieben werden soll, den Sie natürlich ganz nach Belieben exklusiver und luxuriöser gestalten können.

Auch muss bei dieser Kostenaufstellung beachtet werden, dass die Preise, je nachdem in welchem Teil Balis man sich befindet, stark variieren können. So werden Sie vor allem im Süden, beispielsweise in Ubud oder Canggu, merken, dass die Preise deutlich höher liegen als in einem Dorf in den weniger touristischen Gebieten, wie Lemukih im Norden oder Amed im Osten. Dennoch soll Ihnen hier ein exemplarisches Budget für einen Tag auf Bali vorgestellt werden:

Auf der Insel kann man für wenig Geld kostengünstig übernachten. Hierfür bieten sich in größeren Dörfern und Städten unter anderem Hostels an, in denen man zwar meist in Mehrbettzimmern mit anderen Reisenden nächtigen wird, diese dafür aber auch umso schneller kennenlernen kann. Vor allem im Süden, beispielsweise in Kuta oder Canggu, werden Sie einige (Surf-)Hostels und auch -Hotels finden, von denen sich in den Abendstunden kleine bis große Grüppchen gemeinsam auf den Weg machen, um den Strand oder eine Bar zu besuchen und gemeinsam zu reden und zu feiern. Schon ab 2 - 3 Euro (ca. 36.000-54.000 Rupiah) können Sie hier teilweise ein Bett finden.

Wer sich sein Zimmer jedoch nicht unbedingt mit anderen teilen möchte und Wert auf etwas mehr Privatsphäre legt, gleichzeitig aber nicht allzu viel Geld für eine Übernachtung ausgeben möchte, dem empfiehlt sich eines der zahlreichen Homestays auf Bali. Das Konzept solcher Homestays ist, dass die Zimmer, Bungalows und sonstigen Unterkunftsmöglichkeiten direkt an das Zuhause der Besitzer angrenzen. Dies ermöglicht es Ihnen, etwas vom Leben der balinesischen Familien mitzubekommen, ohne sich mitten im Geschehen zu befinden.

Außerdem haben Sie stets einen Ansprechpartner vor Ort. Ein Zimmer in einem sehr einfachen Homestay bekommen Sie schon ab circa 7 Euro pro Nacht, meistens müssen Sie jedoch eher mit 10 - 15 Euro rechnen. Es gibt aber natürlich auch Unterkünfte, die mehr Komfort, zusätzliche Ausstattung, wie einen Pool oder eine herausragende Lage, beispielsweise in direkter Strandnähe, bieten und dementsprechend mehr kosten. Sie können in vielen Fällen natürlich nicht mit einem Zimmer rechnen, wie Sie es in einem Hotel vorfinden würden. Die Besitzer legen aber großen Wert auf Hygiene und Sauberkeit, stellen Ihnen Handtücher und Hygieneartikel und bieten einen Zimmerservice an.

Außerdem befinden sich in den meisten Unterkünften Klimaanlagen oder Ventilatoren sowie Netze gegen Moskitos. Das Wohl der Gäste liegt den Besitzern und Familien am Herzen, weswegen Sie auch jederzeit für Fragen offen sind und oftmals auch zusätzliche Dienste, wie ein inbegriffenes Frühstück, einen Fahrdienst oder den Service, Ihre Wäsche zu waschen, anbieten. Hinsichtlich des Preis-Leistungs-Verhältnisses bietet es sich auf Bali somit definitiv an, in einem Homestay zu übernachten und so unter anderem die Familien vor Ort zu unterstützen.

Wenn Sie es generell etwas komfortabler mögen, nach einem All-inclusive-Angebot Ausschau halten oder sich, nachdem sie einige Nächte in Unterkünften im Low-Budget-Bereich übernachtet haben, einmal etwas Luxus gönnen wollen, bietet sich Ihnen natürlich auch die Möglichkeit, in einem Hotel einzuchecken oder aber sich eine der Villen zu mieten, die man auf vielen Reisebildern aus Bali sehen kann und die das Herz höher schlagen lassen. Im Gegensatz zu europäischen Verhältnissen ist das Nächtigen in solchen Unterkünften eine günstige Angelegenheit und bietet Ihnen dafür aber umso mehr Luxus und Komfort. Vor allem, wenn man in einer größeren Gruppe unterwegs ist, wäre es also durchaus eine Überlegung wert, es sich für einige Tage und Nächte in einer solchen Unterkunft gut gehen zu lassen.

Auch hinsichtlich der Verpflegung gibt es auf Bali preisliche Unterschiede, je nachdem in welchem Gebiet Sie sich befinden und auf welche Art von Gastronomiebetrieb Sie zurückgreifen. Ein Frühstück wird Ihnen oftmals gratis oder gegen einen geringen Aufpreis von 1 - 2 Euro in der Unterkunft angeboten. Hier können Sie meist zwischen einigen Gerichten, wie beispielsweise Rührei beziehungsweise Omelette oder einem auf Bali oftmals servierten Banana-Pancake, wählen und erhalten zusätzlich ein Heißgetränk, das heißt Kaffee oder Tee.

Besuchen Sie zum Frühstück, Mittag- sowie Abendessen ein Lokal, können Sie pro Mahlzeit inklusive Getränken mit 30.000 bis 100.000 Rupiah rechnen (circa 2 - 6 Euro). Dies richtet sich danach, welche Art von Lokal Sie wählen. In einem Warung, einem sehr einfach eingerichteten Restaurant, in dem es hauptsächlich typisch indonesische Speisen gibt, erhalten Sie auf Bali die eher günstigen Gerichte. Eine ausgiebige und leckere Mahlzeit sowie ein frisches Getränk kosten in solchen Lokalen selten mehr als 3 Euro. In größeren Restaurants, die oftmals neben indonesischen eine reiche Auswahl an europäischen und amerikanischen Speisen anbieten, müssen Sie etwas mehr Geld in eine Mahlzeit investieren, kommen aber dennoch recht kostengünstig davon.

Eine Alternative dazu, zwei- bis dreimal am Tag ein Restaurant zu besuchen, ist es, die lokalen Straßenstände und Märkte zu nutzen und dort beispielsweise Fleischspieße, Maiskolben, Säfte, Smoothies oder frisches Obst einzukaufen. Hier können Sie je nach Menge mit ähnlichen Kosten wie in einem Warung rechnen.

Überträgt man diese Preise auf einen ganzen Tag, so können Sie für Ihre Verpflegung Kosten zwischen 90.000 Rupiah (ca. 6 Euro) und 300.000 Rupiah (ca. 20 Euro) einkalkulieren.

Weiterhin muss der Transport beziehungsweise das Fortbewegungsmittel in Ihr Tagesbudget einberechnet werden, da Sie, um sich Sehenswürdigkeiten anzusehen oder Strände zu besuchen, oftmals kurze bis etwas längere Strecken zurücklegen müssen. Einen Roller für einen Tag zu mieten, kostet Sie meist zwischen 4 und 6 Euro. Möchten Sie sich einen privaten Fahrer für den Tag buchen, der Sie zu den verschiedenen Attraktionen fährt, müssen Sie mit circa 30 Euro rechnen.

Zu den notwendigen Kosten wie Unterkunft, Verpflegung und Transport kommen dann natürlich noch die Unternehmungen, die Sie an einem Tag planen. Hier sind beispielsweise das Eintrittsgeld für verschiedene Tempelanlagen und Naturspektakel, das Mieten einer Liege oder eines Sonnenschirms am Strand, eine Massage in einem der vielen Salons, das Leihen eines Surfboards oder eine Kokosnuss vom Strandverkäufer zu nennen. Vermutlich werden Sie auch Tage erleben, an denen Sie wenig Geld für derartige Angebote ausgeben, dennoch wird Ihnen auffallen, dass man dazu neigt, trotzdem noch einige Rupiah in Dinge zu investieren, die für Sie nicht unbedingt notwendig sind, Ihren Urlaub aber umso schöner und unvergesslicher machen werden.

Nach diesen ungefähren Kostenangaben für tägliche Investitionen auf Bali sollten Sie also mindestens ein Tagesbudget von 20 - 30 Euro einplanen. Selbstverständlich geht es immer noch billiger und auch stets teurer, weswegen hier nur von einem

Richtwert gesprochen werden kann. Grundsätzlich ist aber zu sagen, dass Sie auf Bali wirklich kostengünstig leben und reisen können und für viele Angebote in anderen Urlaubsländern deutlich mehr Geld zahlen müssten.

Wenn Ihnen also danach ist, sich ausgiebig massieren zu lassen, Sie schon immer einmal surfen oder tauchen lernen wollten, Sie sich schon lange nach einer Nacht in einer ruhig gelegenen Villa mit Pool sehnen oder sich bei einem täglichen Yoga-Kurs entspannen wollen: Auf Bali haben Sie die Gelegenheit, diese Träume umzusetzen, ohne dafür allzu viel auszugeben. Warum sollten Sie diese nicht nutzen?

Einmal um die Insel

Wenn man in einem bestimmten Zeitraum möglichst viel von einem Land beziehungsweise einer Insel sehen möchte, fällt es einem oftmals schwer, zu planen, welche Orte und Sehenswürdigkeiten man auswählen sollte und wie viele Zwischenstopps möglich sind, ohne dass man sich stressen muss.

Wie schon mehrmals erwähnt, sind die Wege auf der knapp 6000 km² großen Insel verhältnismäßig kurz, weswegen es sich durchaus anbietet, sich mehrere Gegenden auf Bali anzusehen. So werden Sie nicht nur sehr verschiedene Eindrücke vom Leben auf der indonesischen Insel sammeln können, sondern auch die Möglichkeit haben, immer wieder in eine andere Natur und Kultur einzutauchen.

Um die Vielfalt Balis zu entdecken, bietet Ihnen dieser Reiseführer eine mögliche Route an, die Sie (fast) einmal rund um die Insel führt und Ihnen vier in dieser Gegend besonders empfehlenswerte Orte vorstellt. Für eine solche Tour sollten Sie mindestens zwei Wochen auf der Insel verbringen, um alle Eindrücke aufnehmen zu können und gleichzeitig noch Zeit zum Entspannen zu haben. Auch können Sie von den verschiedenen Orten aus selbstverständlich andere Dörfer und Städte besuchen oder auf eine der Inseln rund um Bali, wie beispielsweise Lombok oder Nusa Penida, übersetzen.

Tauchen Sie also durch den Besuch von nur vier Städten beziehungsweise Dörfern in die Vielfalt Balis ein und finden Sie so Ihren Lieblingsplatz auf der Insel.

DAS ALTERNATIVE ZENTRUM: UBUD

Das macht Ubud aus

Ubud ist eine kleine, lebendige Stadt nördlich von Denpasar, die aufgrund ihrer Lage inmitten von Reisfeldern, ihrer Kultur und Geschichte sowie dem weitreichenden Angebot an Unternehmungen und Sehenswürdigkeiten zu einem, wenn nicht sogar *dem,* Ort geworden ist, den man auf Bali auf jeden Fall gesehen haben muss.

Er wird zu Recht als das künstlerische und kulturelle Zentrum der Insel betitelt. Hier begegnet Ihnen so viel Kultur an nur einem einzigen Ort wie sonst nirgends auf Bali. Neben den unzähligen großen Tempeln werden Sie auf Ihrem Weg durch die Kleinstadt immer wieder auf beeindruckende Eingangstore und mit Steinfiguren verzierte Innenhöfe stoßen, die nicht selten zu den Wohnhäusern balinesischer Familien führen.

Doch nicht nur die Religion wird hier großgeschrieben, auch die Kunst ist tief in Ubuds Geschichte verankert. Seit jeher war Ubud für seine Kunst bekannt, doch nachdem sich im 19. Jahrhundert Feudalherren in dem damaligen Dorf niedergelassen hatten und die Kunstszene förderten, entwickelte sich diese stetig weiter und wurde immer größer. Heute wie damals ist sie vor allem für ihre Malerei, ihre Textilkunst sowie für Holzschnitzereien bekannt.

Das Angebot des Dorfes, mit dem es sich zu Gründungszeiten vor allem durch seine Naturheilkunde und Kräutermedizin im wahrsten Sinne des Wortes einen Namen machte (dieser leitet sich nämlich von dem alten balinesischen Wort „ubad" ab, was als Medizin übersetzt werden kann), entwickelte sich über die Jahrhunderte immer weiter und kann heute nicht nur kulturell und künstlerisch eine große Vielfalt vorweisen. Der alternative Gedanke, der ehemals vor allem medizinischer Natur war, konnte sich auch in weiteren Bereichen des gesellschaftlichen Lebens ausbreiten und macht nun den Charme der Stadt aus: Meditations- und Yoga-Liebhaber beispielsweise kommen hier voll und ganz auf ihre Kosten. Aber auch für seine ausgefallenen vegetarischen und veganen Gerichte ist Ubud berühmt.

Mit diesem Denk- und Lebensstil der Einwohner Ubuds und dem Image, das sich die Stadt dadurch aufgebaut hat, mischen sich heute moderne und vor allem westliche Elemente. Diese kamen vor allem durch den Tourismus in den Ort, und auch wenn sie das ursprüngliche Bild und den Eindruck der Stadt etwas beeinflussen, so tragen sie doch gleichzeitig umso mehr zu deren Vielfalt bei.

Ein Argument, neben dem eines lebendigen und abwechslungsreichen Treibens, das für einen Besuch der Stadt spricht, sind die diese umgebenden Reisfelder. Denn zugegeben, durch die zentrale Lage und die Beliebtheit bei Touristen ist es in Ubud nie wirklich ruhig. Vor allem zur Rushhour sind die Straßen voll von Autos und Rollern und besonders im Zentrum werden Sie stets Menschen aus aller Welt begegnen und oftmals von Balinesen angesprochen, die ihre Restaurants, Angebote und Dienste anpreisen wollen.

Umso angenehmer ist es, dass man diesem Chaos in Ubud sehr schnell entfliehen kann. Je nach Lage Ihrer Unterkunft werden Sie meist nicht einmal 15 Minuten laufen müssen, um sich direkt in den grünen Weiten der für Bali typischen Reisfelder zu befinden. Gerade noch an einer viel befahrenen Straße entlanggelaufen, befinden Sie sich nun mitten in der Natur und können die vollkommene Ruhe genießen.

Ob Sie dies bei einer Runde Yoga in einem der dort gelegenen Studios, bei einem Spaziergang auf den ausgeschilderten Wegen oder mit einem frischen Saft in den mitten im Grünen liegenden

Restaurants und Warungs tun wollen, bleibt ganz Ihnen überlassen.

Ubud hat also etwas, von dem andere Städte oftmals nur träumen können: Viel Leben, Kultur und ein großes Angebot an Unternehmungen innerhalb, gleichzeitig aber auch sowohl dort als auch vor allem um die Stadt herum eine wilde, grüne und beeindruckende Natur, die den notwendigen Ausgleich bietet. Nicht zuletzt aufgrund dieser Kombination ist Ubud zu einem solch beliebten Reiseziel geworden, dass auch Sie es sich nicht entgehen lassen sollten.

Diese Dinge sollten Sie dort auf jeden Fall gemacht haben

1. Durch die Stadt laufen und sich den Eindrücken hingeben

Nicht nur zur Orientierung in der Stadt, sondern auch, um das beschriebene lebendige Treiben auf den Straßen live mitzuerleben, sollten Sie sich dort selbst auf eine Entdeckungstour begeben. Womöglich finden Sie so, neben spannenden Fotomotiven und vielfältigen Eindrücken, auch ein Restaurant, einen Shop oder eine Sehenswürdigkeit, die zu einem spontanen Besuch einladen oder auf die To-do-Liste für die nächsten Tage gesetzt werden können. Das Angebot an diesen ist nämlich wirklich riesig, da ist es durchaus ratsam, sich im Vorfeld etwas Inspiration zu holen und die Auswahl etwas einzugrenzen, damit die Qual der Wahl später nicht zu schwerfällt. Besonders an den Hauptstraßen Ubuds, der Jalan Raya und der Jalan Monkey Forest, werden Sie fündig.

2. Durch den Monkey Forest spazieren und die Affen beobachten

Ein besonders beliebter Ort in Ubud ist der Sacred Monkey Forest. Von der oftmals hektischen Monkey Forest Road gelangen Sie gegen einen geringen Eintrittspreis in die dschungelartige Natur mitten in der Stadt, die rund 900 Affen beherbergt. Diese sind die Touristenströme, die Tag für Tag durch ihr Revier laufen, schon lange gewöhnt und lassen sich dementsprechend bei dem, was sie gerade tun, auch nicht stören.

Das gibt Ihnen die Gelegenheit, die Tiere aus nächster Nähe zu beobachten. So können Sie in dem eigentlich überschaubaren Park, in welchem sich unter anderem auch drei Tempel befinden, durchaus einige Stunden verbringen, denn an jeder Ecke und auf jedem Baum werden Sie einen weiteren Affen finden und betrachten können.

Nicht nur aufgrund der vielen anderen Touristen

gelten in dem Wald natürlich einige Regeln, die sowohl Ihnen als auch den Tieren helfen sollen, weiterhin gemeinsam diesen Park nutzen zu können.

Zum einen ist es sinnvoll, so wenig Kontakt wie möglich mit den Affen aufzubauen, keine Affenkinder auf sich herumklettern zu lassen und den Tieren auch nicht in die Augen zu sehen, denn all dies kann Aggressionen bei diesen oder ihren Artgenossen hervorrufen und letztlich zu Verletzungen bei Menschen und Tieren führen. Auch sollten Sie Ihr Hab und Gut stets im Blick haben oder am besten so wenig wie möglich mitnehmen, denn die Bewohner des Waldes sind schlau und haben im Laufe der Jahre gelernt, wie sie ihre Besucher unauffällig bestehlen können.

Nicht selten sieht man dann einen Affen mit einer Plastikflasche oder anderen menschlichen Utensilien im Baum sitzen. Auf Dauer ist dies für die Tiere fast genauso fatal, wie Touristen, die sie mit mitgebrachtem Essen füttern. Natürlich freuen sie sich darüber und es ist auch wirklich schön, ein solches Festmahl zu beobachten, allerdings bekommen die Affen täglich ausreichend Futter von den Verantwortlichen des Parks und sind bereits von diesem wohlgenährt, wenn nicht teilweise sogar richtig dick. Das entspricht weder dem natürlichen

Essverhalten der Tiere, noch ist es auf Dauer gesund für sie, weswegen Besucher dies nicht noch weiter vorantreiben sollten. Unter Einhaltung dieser Regeln ist der Sacred Monkey Forest in Ubud definitiv ein Ort, den man gesehen haben sollte, und er wird Ihnen einen interessanten und vor allem unterhaltsamen Ausflug bieten.

3. Einen Markt besuchen
Märkte auf Bali sind stets vielfältig, lebendig und beeindruckend. In Ubud bieten sich vor allem zwei nebeneinanderliegende Märkte für einen Besuch an: der Sukawati Wet Market und der Sukawati Art Market. Während auf dem Wet Market Lebensmittel aller Art verkauft werden und Sie dort auch ein günstiges Mittag- oder Abendessen verzehren können, lädt der Sukawati Art Market dazu ein, in die künstlerische Vielfalt Ubuds einzutauchen: Neben Gemälden und Holzschnitzereien finden Sie dort auch Geschirr, Textilien oder Schmuck und auch sicherlich das ein oder andere Souvenir.

4. Einen Ausflug in die Reisfelder unternehmen
Raus aus der Stadt und rein in die Natur – in wenigen Städten funktioniert das so gut wie in Ubud. Egal, ob mit einem Plan oder ohne, machen Sie sich auf den

Weg in die Reisfelder rund um die Stadt! Möglich ist dies beispielsweise über den Walk of Fame Ubuds, einer Gasse mit Steinplatten, die mit eingemeißelten Botschaften und Verewigungen verziert sind.

Angekommen im Grünen können Sie dort abgeschottet vom Trubel noch einmal ganz andere Erfahrungen machen und besonders auf den weniger bekannten Pfaden auch mal einem Einheimischen begegnen, der Ihnen etwas über seinen Reisanbau erzählt oder Ihnen einen seiner Lieblingsorte an einem heiligen Bach im Dschungel zeigt. Manchmal muss man einfach nur Glück haben und gefühlt ist dies auf Bali öfter der Fall als sonst. Ihren Spaziergang können Sie dann mit einer ausgiebigen Mahlzeit in einem Restaurant oder etwas Yoga abschließen, denn all diese Angebote finden sich nicht nur im Stadtzentrum, sondern auch weit außerhalb in der Natur.

Wenn Sie mobil sind, können Sie, anstelle dieser Tour oder am besten natürlich zusätzlich dazu, einen Ausflug zu den berühmten Reisterrassen von Tegalalang unternehmen, welche sich circa 12 Kilometer von Ubud entfernt befinden. Am Berg gelegen erstrecken sich diese Reisterrassen stufenweise immer weiter in Richtung des Himmels und werden deshalb auf Bali auch als Himmelstreppen zu den Göttern bezeichnet. Ein absolut beeindruckendes

Bild, das Sie auf der Insel in nahezu allen Gegenden finden können, jedoch können die Reisfelder rund um Ubud nach Meinung vieler Reisender zu den schönsten gezählt werden.

Geheimtipps für Unterkünfte, Restaurants & Co.

1. Argasoka Bungalows: Übernachten direkt am Monkey Forest

In dieser Anlage, die neben einigen Bungalows und einem Haus mit Gästezimmern unter anderem über einen Frühstücksbereich, ein breit gefächertes Angebot an organisierten Unternehmungen, einen Pool und einen sehr großen Garten verfügt, können Sie es sich zwischen Ihren Ausflügen gut gehen lassen.

Die Unterkunft liegt nur wenige 100 Meter vom Monkey Forest entfernt und befindet sich damit an einer der meistbesuchten Straßen in Ubud. In Ihrem Zimmer oder Ihrem Bungalow, ebenso wie am Pool, bekommen Sie davon jedoch nichts mit und können so die Ruhe und den freundlichen Service der Angestellten genießen, bevor Sie sich wieder in das bunte Treiben Ubuds stürzen.

2. Yuga Organic Warung: Leckeres Essen nach einem Spaziergang durch die Reisfelder

In diesem Restaurant können Sie die Ruhe der Natur und gleichzeitig einen sehr guten Service und leckeres indonesisches Essen genießen. Durch die offene Bauweise des Warung haben Sie außerdem einen wunderbaren Blick auf Reisfelder und Ihre Mahlzeit wird akustisch durch das Plätschern des Wassers untermalt. Mehr Idylle geht fast nicht!

3. Jeding Bali Cooking Class: Authentisch balinesisch kochen lernen

Hier lernen Sie nicht nur zu kochen wie die Einheimischen, sondern erleben ein Rundum-Paket. Teilweise können Sie die Zutaten für Ihre Gerichte selbst sammeln, bevor Sie diese unter Anleitung zubereiten. Außerdem erfahren Sie während des Kurses mehr über das Zusammenleben in balinesischen Familien und den Reisanbau.

Auch achten die Veranstalter darauf, dass nicht zu viele Personen an den Kursen teilnehmen, sodass es schon einmal vorkommen kann, dass Sie nur zu zweit eine große Auswahl an Gerichten zubereiten und danach natürlich auch verspeisen können.

DER HIPPE SÜDEN: CANGGU

Das macht Canggu aus

Canggu ist ein Ort, dessen Anziehung schwer zu beschreiben ist, man muss sie einfach erlebt haben. Hier kann man eine einmalige Mischung von balinesischer Tradition und entspannter Surfkultur erleben. Direkt am Meer gelegen, unweit von der Hauptstadt Denpasar und den Partyhochburgen Seminyak und Kuta entfernt, ist Canggu eine Anlaufstelle für Menschen aus aller Welt. Viele verbringen dort einige Tage oder Wochen ihres Urlaubs, nicht wenige von ihnen verlängern ihren Aufenthalt und einige haben sich auch dazu entschlossen, einige Jahre oder ihr gesamtes Leben dort zu verbringen.

So kommt eine Kombination verschiedener Menschen und Kulturen zusammen, die eines verbindet: ihre offene Art und ihre Liebe zum Meer. Nicht umsonst ist Canggu die unangefochtene Surfhauptstadt Balis. Anfänger und Profis lassen sich hier von morgens bis abends im Wasser treiben und warten auf die für sie perfekten Wellen.

Mit den Surfern kam auch der mit diesem Sport verbundene Lifestyle in den Ort, den manch einer als „Hipster" bezeichnen würde. Alle Menschen, denen man hier begegnet, egal ob Surfer oder nicht, wirken entspannt und ausgeglichen und genießen das Meer und das Leben in Canggu. Man kann es sich dort aber auch wirklich gut gehen lassen, unabhängig davon, ob man den Tag lieber im Wasser oder woanders verbringt oder man einen großen oder kleinen Geldbeutel besitzt.

An Unterkünften hat man hier die Wahl innerhalb eines breiten Spektrums: Vom Bett in einem Hostel bis zum Luxushotel ist alles vertreten. Besonders beeindruckend ist die kulinarische Vielfalt Canggus. Die Preise, die Sie für eine Mahlzeit bezahlen müssen, liegen zwar deutlich über dem Niveau vieler anderer Gegenden auf Bali, Sie können sich dabei aber stets einer großen Auswahl an Gerichten, einer sehr ansprechenden Gestaltung dieser und einer Inneneinrichtung mit sehr viel Liebe zum Detail sicher sein. Das Gesamterlebnis spielt hier zusätzlich zu dem Essen eine bedeutende Rolle und harmoniert perfekt mit dem allgemeinen Lifestyle der Stadt.

Die Tageszeit, zu der man Canggu spätestens zu schätzen lernt, sind die Abende. Die Sonnenuntergänge, die man von allen Stränden aus perfekt beobachten kann, sind zum Verlieben und werden durch die Livemusik, die viele Strandbars, unter anderem die dafür bekannte Sand Bar, anbieten, zu einem unvergesslichen Erlebnis. Wenn die Sonne untergegangen ist, begeben sich die Menschen in eines der vielen Restaurants am Strand oder in den Straßen Canggus, um dann später wieder zurück ans Meer zu kommen, da sich hier viele der Lokale befinden, wie beispielsweise das bekannte Old Man's, wo man bei Musik auch gern noch das ein oder andere Bintang trinkt oder bei einer Beachparty etwas tanzen kann.

Wer also am Meer entspannen, stundenlang surfen oder die Surfer beobachten möchte, wer sich Tag und Nacht in wunderschönen Cafés und Restaurants den Bauch vollschlagen will, wer auch einmal das Nightlife Balis miterleben will, ohne sich in Partyhochburgen wie Kuta zu begeben, wer einen Ausgangspunkt für die Erkundung der Westküste Balis sucht oder wer sich einfach an einem Ort rundum wohlfühlen möchte, der sollte Canggu definitiv einen Besuch abstatten.

Diese Dinge sollten Sie dort auf jeden Fall getan haben

1. Einen Tag am und im Meer verbringen
Die Strände in Canggu laden zum Baden, Surfen und Verweilen ein. Sie können dort einen entspannten Tag am Wasser verbringen und sind meist nur wenige Gehminuten von einem Snack oder einem

erfrischenden Getränk entfernt. Es sind da durchaus viele Menschen unterwegs, aufgrund der weiten Strandabschnitte verteilen sich die Massen jedoch gut, sodass Sie nicht wie die Sardinen im Sand liegen müssen.

Baden können Sie an beinahe allen Stränden sehr gut und das Gleiche gilt auch für das Surfen. Wenn Sie schon immer einmal das Surfen ausprobieren wollten, bietet sich Ihnen hier die Gelegenheit, bei einem der Strandstände einen Surflehrer zu buchen, der Ihnen in wenigen Stunden die Grundlagen des Surfens näherbringt. Es wird Ihnen aber nichts aufgedrängt. Sie können auch einfach die Zeit am Strand verbringen, das Treiben im Wasser beobachten, ein Buch lesen, aus einer Kokosnuss trinken oder einen Maiskolben an einem der Strandstände verzehren. Ganz nach dem Motto: Alles kann, nichts muss.

2. Einen Roller mieten und einen Ausflug zum Tempel Tanah Lot unternehmen

Der Wassertempel Tanah Lot ist nicht nur ein beliebtes Fotomotiv, sondern auch eine der beliebtesten Sehenswürdigkeiten auf Bali. Er befindet sich nur 12 Kilometer von Canggu entfernt, weshalb es sich anbietet, sich bei Ihrer Unterkunft oder bei einer

Rollervermietung einen fahrbaren Untersatz zu organisieren und sich auf den Weg zu dieser Attraktion zu machen. Dort angekommen, werden Sie dank der zahlreichen Verkaufsstände und Menschenmassen schnell bemerken, dass der Tempel schon lange kein Geheimtipp mehr ist. Wenn man sich von den anderen Touristen nicht stören lässt, ist der Tanah Lot dennoch einen Besuch wert, da seine Lage im Meer wirklich einzigartig ist. Bei Ebbe kann man sogar zum Tempel waten, die heilige Stätte aus der Nähe betrachten und sich teilweise auch von einem der balinesischen Mönche segnen lassen.

3. Einen Sonnenuntergang im Beach Bums oder in der Sand Bar genießen

Am Ende der Jalan Pantai Batu Bolong, Badung, der langen, mit Restaurants, Cafés und Shops gesäumten, Straße hin zum Meer, stoßen Sie gleich auf zwei Bars beziehungsweise Restaurants, die zu Recht zu einem Hotspot in Canggu geworden sind, um eine Stärkung nach dem Baden und Surfen zu sich zu nehmen oder den Sonnenuntergang zu bewundern.

Während das Beach Bums zusammen mit anderen empfehlenswerten Restaurants und Cafés etwas höher gelegen ist und auf seiner mit Sitzsäcken ausgestatteten Wiese Schatten und einen sehr schönen

Ausblick auf das Meer bietet, befindet sich die Sand Bar einige Meter entfernt direkt am Strand. Auch hier wurden zahlreiche Sitzsäcke mit Blick auf das Meer platziert, die vor allem bei Sonnenuntergang alle besetzt sind. Man kann in dieser Atmosphäre den Tag wunderbar ausklingen lassen und den Anblick des Meeres und der untergehenden Sonne bei einem kalten Getränk genießen. Verstärkt wird diese entspannte Stimmung durch die täglich wechselnden Livebands, die eine große Auswahl an Coversongs präsentieren und auch gern auf den einen oder anderen Musikwunsch eingehen.

4. Eine Smoothie-Bowl in einem der zahlreichen Cafés und Restaurants genießen

Wie bereits erwähnt, gibt es in Canggu eine riesige Auswahl an gesunden, außergewöhnlichen, nationalen und internationalen Speisen. Auffällig ist, dass die Einheimischen sich große Mühe bei der Zubereitung und vor allem bei der Präsentation ihrer Gerichte geben. Das Auge isst in Canggu tatsächlich mit. Insbesondere bei Smoothie-Bowls, die einen oftmals mit Jogurt zubereiteten Smoothie in einer Schale enthalten, der mit verschiedenen Toppings verziert wird, zeigt sich die Kreativität der Angestellten. Von den wunderschönen Holzschalen, über die außergewöhnliche Zusammenstellung und Mischung verschiedener Früchte bis hin zu den Zutaten, die für das Topping verwendet werden, bietet eine solche Bowl sowohl ein Erlebnis für die Augen als auch für die Geschmacksnerven.

Geheimtipps für Unterkünfte, Restaurants & Co.

1. Melati Bali Homestay: ein Bungalow in einer kleinen grünen Oase

Das Melati Bali Homestay wirkt wie ein kleiner, liebevoll angelegter Dschungel. Das Grundstück selbst ist nicht besonders groß und die Bungalows, in denen Sie untergebracht sind, liegen recht nah beieinander und trotzdem wird es Ihnen so vorkommen, als wären Sie allein im Grünen. Über in die Wiese eingelassene Steinplatten und eine kleine Treppe erreichen Sie Ihren Bungalow, der eine kleine Terrasse mit einem Tisch und Sitzgelegenheiten bietet, wo Ihnen täglich Ihr Frühstück serviert wird.

Im Inneren befindet sich ein großes und gemütliches Bett inklusive Moskitonetz. Besonders beeindruckend ist das Bad, das nach oben hin offen ist und Ihnen eine Dusche im Freien mit einem Ausblick auf Palmblätter und den Himmel verspricht. Das freundliche Personal hilft Ihnen bei Fragen aller Art und

bietet unter anderem auch einen Fahrrad- und Rollerverleih an.

*2. Betelnut Café: gesund essen und trinken in angeneh-
mer Atmosphäre*

Das Betelnut Café setzt bei seinen Gerichten und Getränken viel auf frisches Obst und Gemüse und bei
seiner Einrichtung auf eine äußerst ansprechende
Mischung aus Holz und Pflanzen. Die Speisen sind
sehr vielfältig, liebevoll angerichtet und ausnahms-
los lecker. Das Angebot ist nicht zu groß, sodass Sie
sich bei mehrmaligen Besuchen durchaus einmal
durch die Karte essen und trinken können. Aufgrund
seiner guten Rezensionen kann das Café inzwischen
nicht mehr wirklich als Geheimtipp bezeichnet werden und Sie müssen oftmals Glück haben, um einen
Platz auf der kleinen, im ersten Stock liegenden Terrasse zu finden. Dennoch ist es eine absolute Emp-
fehlung und wird auch Sie begeistern!

3. Pretty Poison: Treffpunkt, Bar und Skaterparadies

Das Pretty Poison ist Canggus Hotspot für Skater und
diejenigen, die diese gerne bei ihren Stunts und
Tricks beobachten. Gelangt man zuerst an eine Bar,
wo man sich ein kühles Getränk holen kann, so wird
man auf dem Weg nach draußen auf viele junge und

auch ältere Menschen treffen, die um den Skatepool herumsitzen oder -stehen, trinken und sich unterhalten. Dabei sehen sie den Profiskatern zu, die beweisen, dass sich in Canggu nicht nur Surfer, sondern auch ausgezeichnete Skater treffen. Unabhängig davon, ob Sie sich für das Skaten begeistern können, ist ein Besuch dieser Szene-Bar ein beeindruckendes Erlebnis.

DER WILDE NORDEN: LEMUKIH

Das macht Lemukih aus

Lemukih ist eine Gemeinde im Norden Balis, die sich südlich von Singaraja mitten im Grünen befindet und definitiv als Paradies bezeichnet werden kann. Hier trifft man auf alles, was man sich vom unberührten Norden Balis wünscht: riesige Reisterrassen, Palmen soweit das Auge reicht, Dschungel, große und kleine Wasserfälle, natürliche Quellen, sehr freundliche und zuvorkommende Einheimische und die Ruhe, die manch einem im Süden der Insel eher zu kurz kommt.

Das Dorf verfügt nur über sehr wenige Unterkünfte und ist deshalb vor allem ein Ziel für Tagesausflügler, die sich die drei berühmten Fiji-Wasserfälle anschauen möchten. Und das zu Recht, denn die

Eindrücke, die Sie auf einer solchen Wasserfall-Trekkingtour sammeln werden, sind vielfältig und übertreffen die Vorstellungen, die man sich zuvor gemacht hat. Aber auch eine Übernachtung in dem Dorf ist zu empfehlen. Ein Grund dafür ist, dass Sie nach einer Tour zu den Naturspektakeln dieser Gegend mit sehr hoher Wahrscheinlichkeit ausgepowert sein werden und sich freuen, wenn Ihr Heimweg statt einer über zweistündigen Fahrt zurück in die touristischen Gebiete im Süden nur einige Minuten in Anspruch nimmt.

Zum anderen können Sie, wenn Sie ein, zwei oder mehr Nächte in diesem Dorf verbringen, spüren und erahnen, wie das Leben auf Bali vor der Ankunft der großen Touristenmassen gewesen sein muss.

Diese Dinge sollten Sie dort auf jeden Fall getan haben

1. Eine Trekkingtour zu den berühmten Wasserfällen
Auf einer solchen Tour werden Sie, je nachdem wie umfangreich sie ist und von wem sie organisiert wurde, eine Vielzahl von Erlebnissen verbuchen können und aus dem Staunen gar nicht mehr herauskommen. Sie können an einem einzigen Tag Dinge ausprobieren und erleben, für die Menschen im Süden teilweise stundenlang anstehen müssen.

Beispielsweise können Sie hier auf einer der für Bali berühmten Schaukeln den Ausblick über Reisterrassen und Wasserfälle genießen, und das, ohne einen überteuerten Eintritt zu zahlen oder Ewigkeiten warten zu müssen. Auch können Sie eine natürliche Wasserrutsche besuchen, über einen Felsen in das Becken eines vier Meter hohen Wasserfalls springen und immer wieder auf Pflanzen und Tiere stoßen, die Ihnen bisher fremd waren.

Schließlich werden Sie zu den beeindruckenden Wasserfällen gelangen, an deren Fuß schwimmen, sogar oberhalb von diesen stehen und eine Vielzahl an Fotos schießen können. Auch können Sie dort eine Pause in einem kleinen Warung einlegen und klassisch indonesische Gerichte mit Blick auf weite Reisterrassen genießen.

2. Auf dem Weg gen Norden einen Zwischenstopp beim Pura Ulun Danu Bratan machen

Abhängig davon, ob Sie sich selbst mit dem Roller auf den Weg in den Norden machen oder einen Fahrer organisiert haben, können Sie einen Zwischenstopp am Bratan-See und dem dort liegenden Pura Ulun Danu einlegen oder vorschlagen. Sie finden hier eine Anlage, die rund um den Wassertempel Pura Ulun Danu angelegt ist und zum Spazieren einlädt.

Vor allem der Tempel, in dessen Hintergrund sich der Vulkansee ausbreitet, bietet ein beeindruckendes Bild und wird Sie in seinen Bann ziehen.

3. Sich selbst auf Entdeckungstour in Lemukih begeben

Wenn Sie eine Unterkunft in Lemukih gebucht haben, so ist die Wahrscheinlichkeit groß, dass sich an diese ein Reisfeld oder ein Bach im Dschungel anschließt. Die Eigentümer sind meist offen dafür, dass Sie die Gegend auf eigene Faust erkunden und einen Spaziergang durch ihre Felder unternehmen. Diese Gelegenheit sollten Sie sich nicht entgehen lassen, da Sie so nicht nur hautnah den Anbau und die Ernte von Reis miterleben, sondern auch die Ruhe des Nordens genießen können.

Geheimtipps für Unterkünfte, Restaurants & Co.

Budas Homestay Lemukih: Alles, was man in Lemukih erleben kann, an einem Ort

Die Unterkunft, der Inhaber Buda und seine Familie, deren weite Reisterrassen, die Tourangebote, welche das Buda bietet und die Ruhe, die Sie an diesem Ort finden werden, vereinen alles, was man sich von einem Ausflug in den Norden erhofft, und es wird deshalb als einziger, absolut empfehlenswerter

Rundum-Geheimtipp angeführt. Die Unterkunft besteht mit Absicht aus nur wenigen Zimmern, sodass Sie mit den anderen Reisenden und der Familie Budas zusammensitzen können und das Erlebnis sowie die Natur des Nordens möglichst unverfälscht und unberührt bleiben. Es gibt aber auch viele kleinere offene Häuschen, Hängematten und Schaukeln, auf die Sie sich zurückziehen können, um die Ruhe zu genießen. Auch freuen sich die Eigentümer, wenn Sie sich ihre Reisfelder bei einem Spaziergang durch diese von Nahem ansehen können. Allgemein ist das Ziel dieser Unterkunft und vor allem Budas, Sie rundum glücklich und Ihren Aufenthalt unvergesslich zu machen.

Unter anderem deshalb bietet er eine von ihm selbst geführte Tour zu den Wasserfällen an, auf der Sie alle Attraktionen erleben können und abseits der viel besuchten Pfade unterwegs sind. Einen besseren und vor allem liebenswürdigeren Guide als Buda werden Sie kaum finden. Auch seine Familie vermittelt diese Einstellung, sodass Sie sich vom Beginn bis zum Ende Ihres Aufenthalts in dieser Unterkunft ungemein wohlfühlen werden und Ihnen der Abschied von dieser Gegend und diesen Menschen sehr schwerfallen wird.

DER RUHIGE OSTEN: AMED

Das macht Amed aus!

Amed ist ein kleines Fischerdorf an der Ostküste Balis und im Vergleich zu manch anderen Orten in dieser Gegend, wie beispielsweise Sanur, das weiter südlich liegt und zahlreiche Hotels beherbergt, ruhig und noch nicht von den Massen entdeckt worden. Was verwunderlich ist, da das Dorf seinen ganz eigenen Charme hat. Diesen macht unter anderem der Vulkan Agung aus, der von den langen Stränden aus sehr gut zu sehen ist und besonders bei Sonnenuntergang eine atemberaubende Kulisse bildet. Doch auch bei Sonnenaufgang lohnt es sich, einen Ausflug an den Strand zu unternehmen, da Sie die Sonne dabei beobachten können, wie sie langsam hinter der Insel Lombok, die Amed gegenüberliegt, erscheint und das Meer und den Sand in ein atemberaubendes Licht taucht.

Bei Tageslicht werden Sie in der Region Amed sicherlich keine weißen Sandstränden finden, da die Ausbrüche des Mount Agung dazu geführt haben, dass die Küsten hier mit Vulkansand bedeckt sind, der diese in verschiedenen dunklen Tönen schimmern lässt. Ein oder mehrere Tage entspannt am Meer zu verbringen und sich einfach nur am Strand niederzulassen, sich zu bräunen und baden zu gehen, ist in Amed fast überall möglich. Auch viele Restaurants und Warungs befinden sich direkt an der Strandpromenade, sodass Sie für einen Snack keine großen Strecken zurücklegen müssen.

Außerdem bieten einheimische Frauen oftmals preiswerte Massagen am Strand an. Doch nicht nur außerhalb des Wassers erwartet Sie ein großes Angebot, sondern das Dorf und seine Umgebung sind auch ein beliebtes Ziel zum Tauchen und Schnorcheln, da es mit einer beeindruckenden Unterwasserwelt glänzen kann.

Empfehlenswert ist es auch, die langen Strandabschnitte entlangzulaufen und die Ruhe zu genießen. Nicht selten begegnet man bei solchen abendlichen Ausflügen einem einheimischen Fischer, der Sie einlädt, am nächsten Morgen mit ihm aufs Meer hinauszufahren. Natürlich haben auch die Einwohner herausgefunden, wie sie aus den Touristen, die sich in ihr Dorf verirren, Profit schlagen können und verlangen oftmals für ihre Ausflüge nicht wenig Geld. Wenn Sie aber einen Fischer gefunden haben, der nicht aufdringlich, sondern freundlich ist und dessen Angebot Ihnen angebracht vorkommt, sollten Sie dieses annehmen. Denn die Einheimischen freuen sich sowohl über Ihre Begleitung als auch über den zusätzlichen Gewinn, den sie dadurch erzielen können. Und für Sie springt ein Sonnenaufgang auf dem Boot, eine Fischfang-Erfahrung auf Bali und im besten Fall ein inbegriffenes Mittag- oder Abendessen heraus – es könnte wirklich schlechter laufen.

Doch nicht nur die Küste Ameds bietet viele Möglichkeiten, etwas zu unternehmen. Auch die Gegend rund um das Dorf ist wunderschön. Die Berge und Vulkane, die diese Region im Nordosten prägen, bilden einen Kontrast zum eher flachen Süden. Auch Reisterrassen und verschiedene andere Felder für den Ackerbau lassen sich hier zuhauf finden und machen die Landschaft einzigartig.

In Amed erwartet Sie also eine Kombination aus Meer, Bergen und wilder Natur und dies ist sowohl für Abenteurer und Sportler als auch für Reisende, die einige entspannte Tage abseits des Trubels verbringen wollen, die perfekte Anlaufstelle.

Diese Dinge sollten Sie dort auf jeden Fall getan haben

1. Einen Schnorchel ausleihen und die bunte Unterwasserwelt entdecken
Nahezu jede Unterkunft in Amed verfügt neben einem Rollerverleih über eine umfangreiche Ausstattung von Schnorcheln, Masken und Schwimmflossen, die sie Ihnen gegen einen geringen Preis gern für einen oder mehrere Tage überlassen. Wenn dem nicht so ist, werden Sie spätestens am Strand Einheimische oder Tauchschulen finden, wo Sie diese Ausrüstung entweder leihen oder kaufen können.

Daraufhin können Sie sich auch schon ins Wasser begeben und werden nach nur wenigen Schwimmzügen eine wirklich beeindruckende Unterwasserwelt vorfinden. Auch bietet sich Ihnen in Amed die perfekte Gelegenheit, um während eines mehrtägigen Kurses bei lizenzierten Schulen das Tauchen zu erlernen. Hier ist beispielsweise die Tauchschule „Amed White Sand Divers" zu empfehlen, wo die Kurse bei Bedarf auch in deutscher Sprache gehalten werden können.

2. Die Gegend rund um den Vulkan Mount Agung erkunden

Der Vulkan, der diese Gegend prägt, ist aus vielen Perspektiven imposant. In Amed selbst kommt er Ihnen zwar bereits gewaltig vor, doch erst wenn man sich näher an den gut 3000 Meter hohen Berg heranwagt, erkennt man, wie riesig er ist.

Vielen reicht es, diesen von unten zu betrachten, Sie können sich aber auch an den beschwerlichen Aufstieg wagen. Voraussetzung dafür ist, dass der aktive Vulkan in der letzten Zeit keine außergewöhnlichen Regungen und Eruptionen gezeigt hat, Sie einen professionellen Guide an Ihrer Seite haben und Sie sich bezüglich Ihrer Fitness einen solchen Aufstieg zutrauen.

Eine Alternative, die viele Reisende in Anspruch nehmen, ist eine Trekkingtour auf den etwas weiter nördlich liegenden Mount Batur, der mit seinen 1717 Metern wesentlich niedriger als der Mount Agung ist. Besonders bei Sonnenaufgang erfreuen sich solche Ausflüge großer Beliebtheit. Wem dies zu früh oder zu anstrengend ist, der kann sich den riesigen Vulkan ebenso von dem berühmten Tempel Pura Lempuyang anschauen. In dessen Anlage befindet sich unter anderem eines der beliebtesten Fotomotive von Bali: das Himmelstor mit dem Ausblick auf den Mount Agung. Sie werden aber schnell merken, dass bei diesen Bildern einige Tricks angewandt werden (die berühmte Spiegelung der Kulisse wird beispielsweise durch einen Spiegel erzeugt) und es viel Geduld braucht, um sich in die lange Schlange von Touristen, die ein solches Foto nachstellen möchten, einzureihen.

Nichtsdestotrotz und auch ohne ein Foto lohnt sich der Besuch des Tempels, schon allein wegen der abenteuerlichen Fahrt nach oben, den so mancher Roller nur mit Müh und Not bewerkstelligt und wegen des beeindruckenden Ausblicks, den Sie von dort aus haben.

3. Einen Roller mieten und den Wassertempel Tirta Gangga besichtigen

Tempel gibt es auf Bali in Massen, nicht jeder ist für einen Besuch empfehlenswert und viele ähneln sich in ihrem Aufbau stark. Doch der Wassertempel Tirta Gangga und die große Anlage, die ihn umgibt, können hier nicht mit inbegriffen werden. Dort erwartet Sie eine Vielfalt an Blumen und Bäumen, eine beeindruckende Wasserinstallation mit verschiedenen Seen und Bächen, außerdem Brücken und sehr lange Treppen, die Sie zu erhöht gebauten Pavillons führen, von welchen Sie einen wunderbaren Blick auf

66|EINMAL UM DIE INSEL

das gesamte Gelände haben. Mit dem Roller benötigen Sie von Amed aus rund 30 Minuten, um dorthin zu gelangen. Schon allein aufgrund von dieser Fahrt, die Sie über Berge, vorbei an Reisterrassen und durch kleine balinesische Dörfer führt, lohnt sich ein Ausflug zum Tirta Gangga, der Sie dann mit seiner Farbpracht sicherlich noch einmal von seiner Schönheit überzeugen kann.

4. Den Sonnenuntergang am Strand beobachten

Dass die Sonnenuntergänge auf Bali wunderschön sind, wurde schon mehrfach, vor allem bei der Vorstellung Canggus, erwähnt. Während Sie an der Westküste die Sonne dabei beobachten können, wie sie über dem Meer untergeht, können Sie diese in Amed schon früher nicht mehr lokalisieren, da diese kurz vor ihrem Untergang von den Bergen und speziell vom Mount Agung verdeckt wird.

Stattdessen bietet sich Ihnen über dem Meer und hinter den Bergketten ein beeindruckendes Farbspiel, das sich gefühlt minütlich ändert. Besonders gut lässt sich dieses von einer Decke oder einem Sitzsack am Strand beobachten. Gruppen von Kindern, die ihre Armbänder verkaufen wollen, im Sand spielende Hunde und die von den Strandbars gespielte Musik runden das Erlebnis ab.

Geheimtipps für Unterkünfte, Restaurants & Co.

1. Solaluna Beach Homestay: Preiswert Übernachten mit Meerblick und Strandzugang

In diesem familiengeführten Homestay können Sie für nicht allzu viel Geld die Seele baumeln lassen und auf den ausgezeichneten Service und die Freundlichkeit der Mitarbeiter vertrauen. Viele Zimmer und Bungalows versprechen Meerblick, das Frühstück ist inklusive und wird auf Wunsch auf die eigene Terrasse gebracht. Auch können Sie von der Anlage direkt an den Strand laufen, wo sie unter anderem die Möglichkeit haben, zu schnorcheln oder Stand-up-Paddling auszuprobieren.

2. Warung Amsha: Indonesische und internationale Küche direkt am Strand

In diesem Restaurant können Sie es sich an ihrem Tisch direkt am Strand gut gehen lassen und Ihr Essen genießen, während sich Ihre Füße in den (noch) warmen Sand graben. Die Küche ist weitestgehend indonesisch, bietet aber wie nahezu alle Lokale auch eine Auswahl an internationalen Gerichten. Besonders in den Abendstunden können Sie die dortige Atmosphäre, die durch die lichtspendenden Laternen und das im Hintergrund rauschende Meer geprägt wird, und das leckere Essen des Warungs genießen.

Where to go next

Wie Sie sehen konnten, sprechen viele Gründe für eine Reise nach Bali und dafür, einige Zeit auf der Insel zu verbringen. Aber auch im näheren und weiteren Umkreis Balis sind viele sehenswerte Orte, die Sie von dort aus bereisen können.

Östlich von Bali liegt beispielsweise die etwas kleinere Insel Lombok, die eine ebenso beeindruckende Natur paradiesischen Ausmaßes bereithält. Besonders nach dem schweren Erdbeben im August 2018 sind diese Insel sowie ihre Einwohner nun umso mehr auf den Tourismus und die damit einhergehenden Einnahmen für den immer noch andauernden Wiederaufbau angewiesen. An Lombok angrenzend befinden sich auch die kleinen Gili-Inseln, die aufgrund ihrer unberührten Natur und den weißen Sandstränden seit Jahren viele Touristen anziehen.

Etwas weiter südlich liegt zwischen Bali und Lombok eine Inselgruppe, die mit felsigen Klippen, grüner Weite und nahezu menschenleeren Traumstränden lockt: Nusa Lembongan, Nusa Ceningan und Nusa Penida. Eine Überfahrt von Bali auf eine der Inseln lässt sich leicht organisieren, sodass auch dort immer mehr Touristen ankommen, um die Landschaft, die der Balis ähnelt, aber irgendwie doch ganz anders ist, zu bewundern.

Etwas weiter entfernt, sodass man schon in ein Flugzeug steigen muss, um dorthin zu gelangen, ist die Insel Flores, die unter anderem mit dem mystischen Kelimutu-Vulkan und seinen drei verschiedenfarbigen Kraterseen viele Menschen anzieht. Außerdem kann man von dort aus auf die Komodo-Insel übersetzen, die neben ihrer Landschaft besonders aufgrund der dort lebenden Komodowarane Reisende aus aller Welt anlockt.

Wenn es Sie mehr aufs Festland zieht, so können Sie vom Nordwesten Balis aus weiter nach Java und in Richtung der indonesischen Hauptstadt Jakarta reisen. Kulturell werden Sie sich dort fast so fühlen, als wären Sie in einem anderen Land und nicht nur auf einer anderen Insel gelandet, denn hier ist der Islam die vorherrschende Religion. Auch sind die Einwohner weniger Touristen gewohnt, was jedoch nicht heißt, dass sie diese nicht offen und herzlich willkommen heißen.

Von Bali aus können Sie aber auch in andere, Indonesien umgebende, Länder fliegen. Beispielsweise stehen Ihnen vom Flughafen in Denpasar internationale Flüge in sehr viele asiatische Länder zur Verfügung, die Sie nach Ihrer Reise auf Bali besuchen können, wie Malaysia, Thailand oder Vietnam.

Günstig und mit einer verhältnismäßig kurzen Reisedauer können Sie außerdem nach Australien fliegen. Nicht ohne Grund trifft man auf Bali viele Australier, die ihre freie Zeit für einen kleinen Ausflug auf die indonesische Insel nutzen. So können auch Sie sich von der kleinen Insel Bali in das große Australien begeben und dort Ihre Reise fortsetzen.

Ihren Möglichkeiten sind also keine Grenzen gesetzt. Von Bali aus lassen sich Tagesausflüge oder mehrtägige Reisen auf die benachbarten kleineren Inseln unternehmen, Sie können sich aber auch in ein Flugzeug setzen und mit diesem andere Länder Asiens oder die ganze Welt bereisen. Sie können aber auch mit all Ihren auf Bali gesammelten

Eindrücken, den guten wie auch den schlechten, in Ihre Heimat zurückkehren und von den Erinnerungen an die Reise zehren, bis Sie im besten Fall irgendwann wieder auf diese vielfältige und einzigartige Insel zurückkehren.

Packliste

Geld & Finanzen

O (evtl.) Auslandswährung
O Bargeld
O Bauchtasche
O Brustbeutel
O Bauchtasche
O EC-Karte
O Kreditkarte
O Notfall-Telefonnummern der Banken
O Portmonee

Hygiene

O Haarbürste / Kamm
O Deo (klein)
O Shampoo
O Kulturtasche
O Sonnencreme
O Taschentücher

O Reise-Zahnbürste und Zahnpasta
O Verhütungsmittel

Kleidung

O Badeklamotten
O Gürtel
O Hosen kurz / lang
O Mütze / Cap / Hut
O Pullover
O Regenjacke
O Schlafanzug
O Socken
O Sonnenbrille
O Sportklamotten / Jogginghose
O T-Shirts
O Unterwäsche

Medikamente

O Blasenpflaster
O Anti-Durchfalltabletten
O Erste-Hilfe-Set

O Fiebertabletten

O Fiebertabletten

O Mückenschutz

O sonstige Medikamente

O Pflaster

O Kopfschmerztabletten

Unterlagen & Papiere

O ADAC Unterlagen

O Adresslisten für Postkarten

O Krankversicherungsnachweis

O Stadtplan

O Führerschein

O Unterlagen für die Unterkunft

O Wasserdichte Hülle für Reiseunterlagen

O Impfausweis

O Mietwagenunterlagen

O Personalausweis

O Reisepass

O Reisetagebuch

O evtl. Studentenausweis

O evtl. Visum
O Zug- / Bahn- / Flugticket

Taschen & Rucksäcke

O Koffer / Trolley / Reisetasche
O Regenhülle für Rucksack
O Rucksack

Schuhe

O Badeschlappen / Hausschuhe
O Schuhe und Wechselschuhe

Sonstiges

O Brille / Kontaktlinsen und Etui
O Buch zum Lesen
O Ohrenstöpsel und Schlafmaske
O Regenschirm
O Reisedecke
O Wasserflasche
O Wörterbuch

Elektronik

O Digitalkamera
O Handy
O Ladekabel
O Kopfhörer
O evtl. Steckdosenadapter
O Power-Bank

Herstellung und Verlag:

BoD – Books on Demand, Norderstedt

ISBN: 9783751997881

© Anja Theile 2020

1. Auflage

Kontakt: Psiana eCom UG/ Berumer Str. 44/ 26844 Jemgum

Covergestaltung: Fenna Larsson

Coverfoto: depositphotos.com